科学实验区实验学校 推荐用书

万物有 科学

《万物有科学》编写组⊙编

杨小仁　熊家昌　吴　穹⊙主编

第五册

分册主编：时荣萍　余　健　廖　菁

编　　委：杨秋芳　徐金花　夏　晨

　　　　　罗若男　朱亚楠　刘甜甜

江西人民出版社
Jiangxi People's Publishing House
全国百佳出版社

图书在版编目（CIP）数据

万物有科学.第五册/《万物有科学》编写组编；

杨小仁,熊家昌,吴穹主编.-- 南昌：江西人民出版社，

2024.11. -- ISBN 978-7-210-16010-6

Ⅰ.G634.73

中国国家版本馆 CIP 数据核字第 2024Y5G255 号

万物有科学　第五册

WANWU YOU KEXUE　DI-WU CE

《万物有科学》编写组　编　　杨小仁　熊家昌　吴穹　主编

出　版　人：梁　菁

策　　　划：黄心刚

责 任 编 辑：王亚贞　王志能

装 帧 设 计：白　冰

江西人民出版社　出版发行

Jiangxi People's Publishing House

全国百佳出版社

地　　　　址：江西省南昌市三经路 47 号附 1 号（邮编：330006）

网　　　　址：www.jxpph.com

电 子 信 箱：jxrmbook@126.com

编辑部电话：0791-86893801

发行部电话：0791-86898815

承　印　厂：江西千叶彩印有限公司

经　　　销：各地新华书店

开　　本：787 毫米 ×1092 毫米　1/16

印　　张：8

字　　数：110 千字

版　　次：2024 年 11 月第 1 版

印　　次：2024 年 11 月第 1 次印刷

书　　号：ISBN 978-7-210-16010-6

定　　价：38.00 元

赣版权登字 –01–2024–825

亲爱的读者朋友们：

在这个多姿多彩的世界，科学知识无处不在。无论是在我们熟悉的语文、数学课堂上，还是在充满活力和创意的音乐、体育与美术活动中，科学都扮演着重要的角色。

"万物有科学"丛书旨在打破传统学科之间的界限，为青少年呈现一个既全面又有趣的科学世界。丛书编写前，编写组征集了大家在日常学习中发现的最感兴趣、最想了解的科学问题，围绕课本或者生活中常见的科学现象，选择了192个科学知识点，每册图书集中展示32个。每个知识点创设奇妙有趣的科学情境，设计新颖独特的实验或实践活动，带领大家一起探究实验背后的科学原理。让我们一起化身小小科学家，踏上一场充满乐趣与挑战的科学探秘之旅吧！

观察与发现　小小科学家需要有一双善于发现的眼睛。在这个栏目中，我们将仔细观察，从平时不太注意的事物里，找到其中的科学现象，提出科学问题。

探究与实践 小小科学家需要有一双勇于实践的巧手。在这个栏目中，我们动手、动脑，设计实验，完成实验，认真观察，记录科学现象，探究科学奥秘。

研讨与反思 小小科学家需要有寻根问源的精神。这些实验现象产生的原理是什么呢？我们制作出来的作品运用了哪些科学知识？在完成实践活动的过程中，我们遇到了哪些问题？我们是如何解决的呢？通过研讨与反思，我们可以总结经验教训，提高实验设计和实施的能力。

拓展与延伸 小小科学家需要有举一反三的能力。我们学到的科学知识可以解决生活中的实际问题吗？在实践过后，我们又有了哪些新的想法呢？每课学完，我们可以大胆地去尝试，在生活中和大自然里勇敢探索。

读者朋友们，科学知识就像一把钥匙，它能帮助我们打开通往未知世界的大门。无论我们身处何方，无论我们在做什么，只要我们用心观察、勤于思考，就能发现科学的奥秘和魅力。让"万物有科学"丛书陪伴大家一起，用科学的视角、科学的思维理解各学科知识，更好地探索这个充满未知的世界。

丛书编委会

2024 年 11 月

目　录

1 纸杯投影仪 … 001

2 电影始祖——皮影戏 … 005

3 会"变色"的太阳光 … 010

4 制作潜望镜 … 013

5 从风筝起飞到风力发电 … 017

6 制作风向袋 … 021

7 认识毛细现象 … 025

8 丁达尔效应 … 029

9 小松鼠的"家" … 033

10 飞鸟探秘 … 037

11 空气的热胀冷缩 … 043

12 制作迷你椅子 … 047

13 "羽"你同行 … 050

14 隧道照明系统 … 054

15 太阳能月球车 … 059

16 桂花的香韵流转 … 063

17 做艘风力船 … 066

18 模拟火箭发射 … 071

19 深海游侠——潜艇 … 075

20 空气压缩的威力 … 078

21 投石机的奥秘 … 082

22 弓箭的巧思 … 087

23 自制水母灯 … 091

24 奇妙的金字塔 … 093

25 三角形的稳定性 … 096

26 笛子里的秘密 … 100

27 碘伏变色 … 104

28 酸雨的危害 … 107

29 地球的"大棉被" … 111

30 烟雾泡泡 … 114

31 "沸水"养鱼 … 117

32 水果发电 … 120

1 纸杯投影仪

手影戏演员在屏障后边用双手的组合表演各种人物、动物的造型。他们用灵动的十指演绎天上飞、地上跑、水里游的动物，惟妙惟肖，令人赞叹。手影戏是一种独特的艺术形式，它的表演全靠手部投影的改变，形成各种不同的影像，而不需任何附加的东西去修饰。

观察与发现

今天要和大家做一个游戏，游戏的名字叫"我来做，你来猜"。老师来做手影，你们猜猜，看到的是什么小动物。

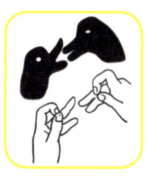

我们再来看看白板，老师教你们几个简单的手影动作，请和老师一起来做一做。

探究与实践

制作纸杯投影仪

电影院里一个小小的放映机就能投射出超大的电影画面。你们知道吗？我们生活中常见的纸杯就能用来制作一个简易的投影仪。一起动手来试试吧！

材料准备：纸杯或卷纸筒、剪刀或美工刀（最好使用圆头安全剪刀，尽量不要用美工刀）、黑色记号笔或彩色油性笔、透明胶带。

温馨提示

注意安全使用剪刀，同学们一定要在老师或家长的陪同下使用，剪刀不要冲着人！

实验步骤：

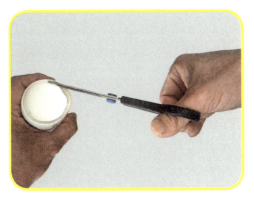

1. 将纸杯的底部用剪刀剪掉。

2. 把透明胶带粘贴在纸杯底部，并固定好。

3. 用记号笔在胶带上画上自己喜欢的图案，发挥自己的想象和创意也可以多画几个，交替变换。

4. 教室关灯后，就可以打开手电筒，把它放到纸杯里，投到墙上看看效果了！（注：投影的墙面最好是白色或浅色的光滑墙面）

研讨与反思

手影和纸杯投影产生的原理是什么？

科学探索有发现，你能得几颗星星？

知道光与影子的产生有关	★★★★★
了解影子产生的原理	★★★★☆
能够做简单手影及纸杯投影仪	★★★★☆

拓展与延伸

思考：光沿直线传播的原理还可以应用在哪些方面？

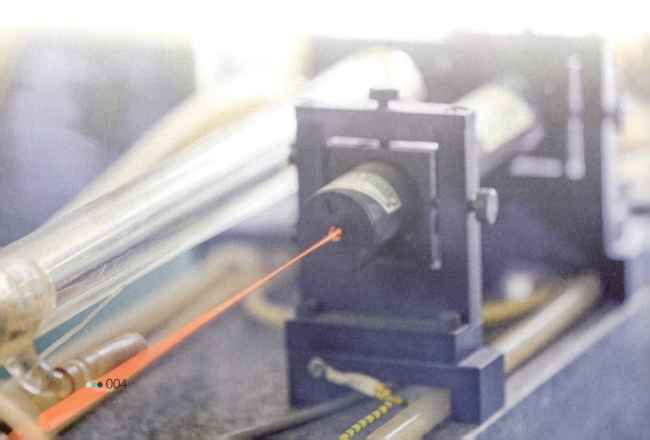

② 电影始祖——皮影戏

　　一块白布是舞台，尺把长的小人是演员，当灯光穿过皮影，匠人浑厚的腔调配以打击乐和弦乐：刀光剑影的战场，缠绵悱恻的故事，多姿多彩的世间百态，就在画布的另一端上演了！

🖊 观察与发现

　　我国有一种民间艺术，叫作皮影戏，相信很多同学都在影视剧里见过。皮影戏是一种以兽皮或纸板做成的人物剪影来表演故事的民间戏剧，那么同学们知道皮影戏中有什么物理知识吗？请同学们观看一段《孙悟空三打白骨精》皮影戏动画片。

探究与实践

制作简单的皮影人物

材料准备：皮影卡纸、塑料手柄、两脚钉、水彩笔（有条件可以采购皮影制作、表演道具）。

实验步骤：

1.用水彩笔画出皮影的颜色，注意颜色的搭配。

2. 剪下各部分结构备用。

3. 在皮影人物的胳膊、腿的关节处用两脚钉固定,将两脚钉从正面的关节孔插入。

4. 翻过卡通图片,在背面将两脚钉折过来,固定在纸片背面。

5. 在手臂和腿的关节处装上手柄做操纵杆(确定位置,确保能够灵活地使用操纵杆)。

温馨提示

学生首次使用两脚钉,小心两脚钉伤手,使用过程中注意安全。

研讨与反思

你了解皮影戏的历史吗?

皮影戏,又称"影子戏"或"灯影戏",是一种以兽皮或纸板做成的人物剪影来表演故事的民间戏剧。表演时,艺人们在白色幕布后面,一边操纵皮影人,一边用当地流行的曲调讲述故事,同时配以打击乐器和弦乐,具有浓厚的乡土气息。

科学探索有发现,你能得几颗星星?

了解光的直线传播相关知识	★★★★★
了解皮影戏的工作原理	★★★★☆
能够制作简单皮影人物、编排剧目	★★★★☆

 科学百宝箱

传统皮影制作过程

1. 选皮;2. 制皮;3. 画稿;4. 过稿;5. 雕刻;6. 敷彩;7. 发汗;8. 缀结。

拓展与延伸

　　皮影戏的演出题材大多取自历史故事、民间传说、神话寓言、武侠公案等，既有独创的，也有从戏曲中改编的。类型包括折子戏、单本戏和连本戏，剧目繁多，内容丰富。比如"三打白骨精""猪八戒偷西瓜""武松打虎"都是皮影戏的传统剧目。

　　"皮影是人类电影、电视之祖。"2006 年 5 月 20 日，经国务院批准，皮影戏被列入第一批国家级非物质文化遗产名录。2011 年 11 月 27 日，联合国教科文组织宣布，把中国皮影戏列入"人类非物质文化遗产代表作名录"。

3 会"变色"的太阳光

　　五年级上册语文《太阳》一课，让我们知道了太阳会发光，会发热，是一个巨大的火球，并且也让我们感受到了太阳对于地球的重要性，地球上的光明和温暖都是太阳送来的，因为太阳会源源不断发射光线，那么你知道太阳光是什么颜色的吗？

观察与发现

早晨

中午

温馨提示

　　观察时需要注意以下事项：使用专门的太阳滤镜，保护眼睛不受伤害；避免长时间或频繁直视太阳。

　　清晨日出时，太阳是红彤彤的，到了傍晚日落时也是如此。但到中午，太阳就变得明晃晃近乎白色了，为什么太阳会"变色"呢？

🌐**探究与实践**

　　太阳光是一种复合光,太阳光本质上是白色的,但是它可以经过水滴、三棱镜等物体折射,产生红、橙、黄、绿、蓝、靛、紫七种单色的光,这就是光的色散现象。太阳光可以分解为多种颜色的光,那么多种颜色的光能不能混合变成白光呢?

<h3 style="text-align:center">色光混合实验</h3>

　　材料准备:光的三原色演示器、白纸。

　　实验步骤:

1.按下开关,就可以点亮相应颜色的灯。

2.先将两种不同颜色的光分别投射在白纸上,进行混合,观察现象。

3.再将三种颜色的光混合,观察现象。

将观察到的内容填写在实验记录表中。

色光混合实验记录表

日期：

色光混合	红色+绿色	红色+蓝色	蓝色+绿色	红色+绿色+蓝色
得到的颜色				
我的发现：				

研讨与反思

1. 色光混合实验中，为什么不是利用七种颜色，而是选择红色、绿色、蓝色三种颜色？

2. 彩虹是怎样形成的？

科学探索有发现，你能得几颗星星？

了解太阳光是一种复合光	☆☆☆☆☆
了解光的色散现象	☆☆☆☆☆
会做"色光混合"实验	☆☆☆☆☆

拓展与延伸

1. 生活中还有哪些事例运用了光的色散原理？

2. 查找资料，了解红外线和紫外线的相关知识。

4 制作潜望镜

现代潜艇潜望镜是在 20 世纪初发明的，应用的原理是光的反射。

潜水艇工作人员为什么能通过潜望镜观察到潜水艇周围的环境呢？潜望镜有什么神奇的功能呢？它的内部构造又是怎样的呢？

📝 观察与发现

今天要和大家做一个游戏，游戏的名字叫"打地鼠"。屏幕上会显示出不同位置的地鼠，请同学用镜子将光准确照射在地鼠身上。

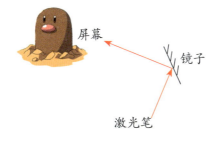

📢 温馨提示

小心使用激光笔，不要射到人眼。

🎓 科学百宝箱

光在沿直线传播的过程中，如果碰到物体，就有一部分光线从物体表面被反射回去，这种现象叫作光的反射。

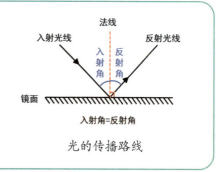

光的传播路线

🌐 探究与实践

下图是同一方向放置的两个平面镜，代表光照射下的物体经过两次反射后进入人的眼睛。请同学们根据箭头观察、思考光的传播路线。

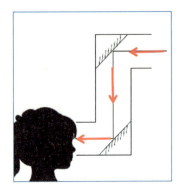

潜望镜上下各有一面倾斜角为45°的平面镜。远处的物体反射的光照射到潜望镜的平面镜上，经过两次反射，进入人眼，人便看到了远处的物体。

潜望镜的原理

制作一个潜望镜

材料准备：硬纸板 2 个（硬纸板形状如下图所示）、平面镜镜片 2 片、双面胶若干。

实验步骤：

1. 准备好材料，将双面胶剪为长条形。

2. 制作镜筒，沿着纸板痕迹进行对折，截取一条适合的双面胶，粘贴在闭合处并固定。

3. 另一个纸板也用同样的方法进行折叠、粘贴和固定。把双面胶贴在两边的闭合处上，将双面胶撕下贴在下面的纸盒上并固定。

4. 闭合线上粘上双面胶，并塞进镜筒里固定。

5. 在镜子后面贴上双面胶，粘贴在镜筒处，并把镜子上的薄膜撕下。将两个镜筒套在一起，完成潜望镜的安装。

研讨与反思

1. 你制作的潜望镜成像效果怎么样？
2. 可以从哪些方面改进潜望镜的制作？

科学探索有发现，你能得几颗星星？

了解光碰到镜面会形成反射现象	★★★★★
了解反射光产生的原理	★★★★☆
能够制作简单潜望镜	★★★☆☆

拓展与延伸

请同学们说一说潜望镜的应用。

　　科学家用潜望镜在地下室里观察火箭发射；科研工作者用潜望镜在保护墙内观测有放射性危险的实验；潜水艇在水下航行时，用潜望镜观察海面和空中的情况。

⑤ 从风筝起飞到风力发电

五年级上册美术（赣美版）《多姿多彩的风筝》一课，让我们看到了五彩缤纷的风筝。

古人最开始制作风筝时，并非为了休闲娱乐，而是用于军事和通信。

传说中鲁班就曾用竹子制作过"木鹊"，从高空俯瞰宋城，获得情报，助楚王攻宋。

明代时，士兵在风筝上系上炸弹，以四支导火线引燃，飞入敌营炸伤敌军，这种武器就叫作"神火飞鸦"。

到了现代，风筝形式丰富多彩，在造型和做工上不断创新，放风筝成了一种健康放松的娱乐活动。

那么同学们，你们知道风筝是如何起飞的吗？

观察与发现

风筝在空中飘浮时，主要受到自身重力、风的推力以及牵引绳拉力的作用。风筝想要飞上天空，就要保证它受到向上的推力，大于竖直向下的重力和绳上的拉力的合力。三个力的相互拉扯，决定了风筝是起飞还是降落。

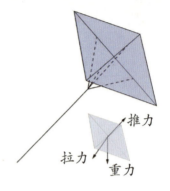

风除了可以帮助风筝起飞，在生活中风还有许多作用呢！你听说过风力发电吗？在能源紧张的背景下，风能作为一种清洁的可再生能源，在各个国家都得到了广泛的应用。你见过巨型的白色大风车吗？那就是风力发电机。

探究与实践

制作一个风力发电装置

风能到底是如何发电的呢？今天就让我们尝试利用一些简单的装置，来探究风力发电的过程。

材料准备：LED 灯、电线夹、扇叶、发电机。

实验步骤：

1.将发电机的导线接在电线夹上。

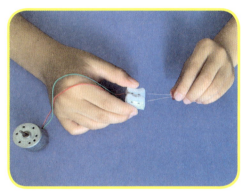

2.将 LED 灯接在电线夹上，长脚对应绿色导线，短脚对应红色导线。

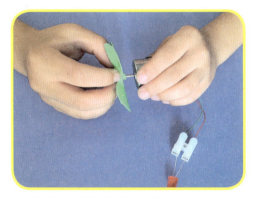

3.将扇叶安装在发电机的转轴上。

4.用嘴吹动扇叶，观察 LED 灯的发光情况。

研讨与反思

1. 风力发电装置中，LED 灯是如何被点亮的？

2. 风力发电装置中，怎样让 LED 灯变得更亮？

科学探索有发现，你能得几颗星星？

了解风筝起飞的原理	★ ★ ★ ★ ☆
了解风力是一种能源	★ ★ ★ ★ ☆
了解风力发电机的工作原理	★ ★ ★ ★ ☆

拓展与延伸

1. 风在生活中还有哪些应用？请仔细观察。

2. 风能是一种清洁无公害的可再生能源，很早就被人们利用。你还知道哪些清洁能源吗？

太阳能也是一种清洁能源，而且目前被广泛应用于生活中的方方面面，它主要来源于太阳内部的核聚变反应，即由较轻的原子核聚合成较重的原子核时释放出的巨大能量。这种能量以光和热的形式传递到地球表面，被广泛用于交通、农业等领域。太阳能的利用方式主要包括光热转换和光电转换两种形式，前者通过太阳能集热器将太阳光转化为热能，后者则通过太阳能电池板将太阳光转化为电能。太阳能具有普遍性、无害性、巨大性、长久性等优点，是解决能源问题的重要途径之一。

太阳能的利用不仅有助于减少对化石燃料的依赖，降低环境污染，而且其资源丰富，几乎取之不尽、用之不竭。因此，太阳能被认为是一种理想的可持续能源，对于实现能源的可持续发展具有重要意义。

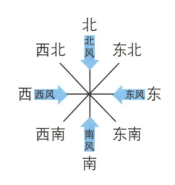

6 制作风向袋

　　我们都知道风无影无形，但是风有方向，我们把风吹来的方向叫作风向，通常我们用八个方位来描述。如北风是由北面吹过来的风，东南风是由东南方向吹过来的风。那怎样才能知道它是从哪个方向吹来的风呢？

　　五年级上册语文《风向袋的制作》一课，给我们介绍了如何制作风向袋，那你知道风向袋有什么作用吗？下面就让我们一起来探究吧！

观察与发现

被风吹动的头发

随风飘扬的蒲公英

　　观察被风吹动的物体，物体飘动的方向与风吹来的方向有什么关系呢？

为了更加清楚地观测风向，我们可以借助一些工具来帮助我们判断。

这个红白相间、类似无底口袋一样的东西，叫作风向袋，由布质防水风向袋、优质不锈钢轴承风动系统、不锈钢风杆三个部分组成，具有精度高、风阻小、回转启动风速小、可靠性高、使用寿命长的优点。

那么风向袋的作用是什么呢？原来风向袋可以用来观测风向，当风吹过风向袋时，由于袋子的形状和材质等原因，导致袋子会发生摆动和旋转，通过观察袋子的摆动方向，来判断风的方向。了解了风向袋之后，你是不是很想拥有一个属于自己的风向袋呢？今天就让我们一起动手，制作一个简易风向袋吧！

🌐 探究与实践

制作一个风向袋

材料准备：木棍、轻薄锥形口袋、细铁丝、海绵胶。

实验步骤：

1. 用海绵胶在木棍一端隔 2～3 厘米处、4～6 厘米处分别缠上一圈，用来固定位置。

2. 用铁丝钩住轻薄锥形口袋上的铁环。

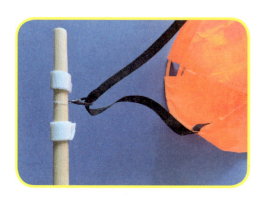

3. 再把铁丝固定在木棍上，不要太紧，给铁丝留有能够转动的空间。

4. 风向袋完成了！拿着它去测测风向吧！

温馨提示

实验中要用到细铁丝，注意不要戳到手哦！

研讨与反思

将观察到的现象记录在活动记录表中。

用风向袋观测风实验记录表

日期：

次数	1	2	3
风向			
风向袋的飘动方向			
我的发现：			

1.在刚才用风向袋观测风向的活动中，你遇到了什么困难？又是怎样解决的？

2.风向袋除了可以观测风向，还可以观测风的什么特点？

科学探索有发现，你能得几颗星星？

了解什么是风向	★★★★★
了解风向袋的工作原理	★★★★☆
会自制简易风向袋	★★★★☆

拓展与延伸

1.风向袋在生活中还有哪些应用？

2.利用生活中的材料，制作其他观测风向的工具。

7 认识毛细现象

　　五年级上册美术（赣美版）《老矿灯》一课，我们认识了各种各样、造型各异的老矿灯，这些矿灯不仅给予了我们光明和希望，还给我们带来了美的享受。灯，一直以来在我们的生活中都十分重要。古人在没有电灯作为照明工具的时候发明了油灯，那么油灯又是怎样被点亮的呢？下面就让我们一起来探究吧。

观察与发现

　　植物一直以来都是根部吸水，然后将水从根部向上运输实现生长的，植物到底使用了什么办法让水从低处往高处流呢？原来植物的根部具有许多细小的导管，也称为毛细管。这样的结构促使水分在液体表面张力的作用下，在细小的导管中自动上升，这就是毛细现象。

日常生活中也有很多地方利用了毛细现象。在油灯中，是否也利用了毛细现象呢？接下来就让我们一起自制一个简易的油灯。

🌐 探究与实践

自制简易油灯

材料准备：粗细不同的棉绳、食用油、小烧杯、火柴、湿抹布。

实验步骤：

1.将食用油倒入烧杯中。

2.将棉绳一端浸入食用油，另一端露出来。

3.观察现象，等待食用油被吸到棉绳顶端的时候，用火柴点燃棉绳，灯就被点亮了。

实验结束时用嘴吹灭火焰。换一根细一点的棉绳再做实验，进行对比。

温馨提示

实验需用到明火，同学们请注意用火安全，一旦火源溢出，应及时用湿抹布扑灭。

研讨与反思

1. 上述实验中，为什么油灯可以被点燃呢？
2. 用更长的棉绳做灯芯可以让油灯更亮吗？

科学探索有发现，你能得几颗星星？

了解植物吸水的过程	★★★★★
了解什么是毛细现象	★★★★★
会自制简易油灯	★★★★★

🔬 拓展与延伸

　　1.生活小妙招：如果我们要外出好几天，你担心离开后没人给家里的花草浇水的话，这个小实验就可以帮上忙。把毛巾一端放在水盆里，另一端盖在花盆里的土壤上，这样毛巾就可以帮你给花浇水了。

　　2.你还能举出生活中有哪些地方利用了毛细现象的例子吗？

丁达尔效应

　　清晨走在一片小树林里，尚未散去的潮气凝成了一层薄薄的雾气，刚刚升起的太阳从林中倾斜射入阳光。这时，光有了形状，化作树林缝隙的一道道光束。当阳光穿透云层时，借助空中的微尘和粒子，在天地之间延伸出一条条无边界的光线，一场视觉盛宴由此而来。

🖋 观察与发现

　　一般雨后的天空悬浮着许多小水滴，小水滴能折射阳光，即改变了光线行进的方向，当阳光经过小水滴的时候，就被分成红、橙、黄、绿、蓝、靛、紫七色光，这就是彩虹形成的主要原因。

　　而在干燥无雨的白天，空气中有许多肉眼看不见的小颗粒。阳光照射到小颗粒上会发生散射，不过和经过小水滴发生的折射变化不同，不会呈现出七色光，只会把光本身走过的路程显示出来，于是我们就看到了光线，这就是丁达尔效应。在了解了彩虹的原理后，今天我们以小组为单位开展对照实验，模拟丁达尔效应，一起动手做个小实验吧！

探究与实践

模拟丁达尔效应

　　材料准备：两个烧杯（或透明塑料杯）、激光笔、牛奶、清水、滴管。

实验步骤：

1. 在两个烧杯里分别倒入适量清水，其中一杯水中再滴入若干滴牛奶（不要太多，略呈浑浊状即可）。

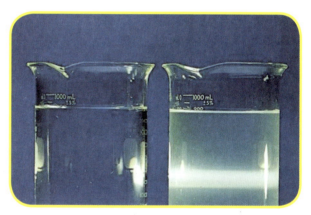

2. 用激光笔分别照射两烧杯里的液体，观察哪一杯水中会有一条光线穿过。

🎓 **科学百宝箱**

　　混合了牛奶的水，和有许多小颗粒的空气一样，都是同一种类型的混合物，这种物质叫作胶体。当光线透过胶体时，由于胶体中的小颗粒对光线的散射作用，会形成一条光亮的"通路"。

研讨与反思

比较彩虹的形成和丁达尔效应，思考光的折射和光的散射有什么区别？

科学探索有发现，你能得几颗星星？

了解生活中的丁达尔效应	★★★★☆
了解丁达尔效应的原理	★★★★☆
能够模拟出丁达尔效应	★★★★☆

拓展与延伸

请大家课后查阅资料，找一找生活中的丁达尔效应。

9 小松鼠的"家"

同学们，你读过法国博物学家布封的文章《松鼠》吗？在作者的笔下，松鼠是一种漂亮的小动物，乖巧、驯良，很讨人喜欢。

观察与发现

松鼠喜欢栖息在树上，它们通常会在树洞、树干裂缝、树杈等地方建立巢穴。

想想它们为什么会这样选址呢？

🌐 探究与实践

　　一只可爱的小松鼠将窝搭在了树杈上，但是一阵暴风雨袭来，把小松鼠的家吹散了，你能帮它建一个新"家"吗？

实践活动：给松鼠建个"家"

　　查阅资料，了解松鼠的特征和生活习性，讨论松鼠的家应该是什么样子的，利用下列材料帮松鼠搭建一个舒适的"家"。

松鼠的"家"

能储存食物

能防风保暖

要保持干燥

……

　　材料准备：大塑料瓶、小塑料瓶、粗麻布、麻绳、树枝、模型胶、双面胶、手工刀、彩色水笔、剪刀。

实验步骤：

1. 先将小塑料瓶剪开，剪出瓶底部分和瓶身部分，备用。

2. 在大塑料瓶上开一个和小塑料瓶瓶身一样粗细的圆口。

3. 再将剪下的小塑料瓶的瓶底部分，放置在大塑料瓶内部靠边的位置，当作松鼠的储藏室。

4. 用双面胶将麻布粘在塑料瓶外面，即将塑料瓶包裹。包好之后，我们再将洞口处的布剪下来，露出洞口。

5.做狭长的通道，将剪下的小塑料瓶的瓶身包裹上粗麻布，再将其插入大塑料瓶上的圆口。

6.最后是将瓶顶掩盖，还可以找一些树枝、树叶等来装饰松鼠的新家。

研讨与反思

1.我们为什么要选择这些材料来建松鼠的"家"？还有其他选择吗？

2.为了让松鼠能够更快乐地生活，我们应该注意些什么呢？

科学探索有发现，你能得几颗星星？

了解松鼠的特征、生活习性	★★★★★
会自己制作一个松鼠窝	★★★★★
体会到保护生物多样性的重要性	★★★★★

拓展与延伸

松鼠在茂密的树枝上筑巢，或者利用乌鸦和喜鹊的废巢，有时也在树洞中做窝。请你查阅资料，了解松鼠的筑巢行为与环境温度、湿度的关系是怎样的？

飞鸟探秘

　　鸟的种类繁多，是人类的朋友，它们大多数都能飞翔，人类一直羡慕鸟类的飞行能力，通过不断地模仿与革新，人类借助工具才实现了飞行的梦想。人类在天空中飞行不过上百年时间，鸟类在空中飞行却已经有 1.5 亿年，那鸟儿为什么能飞起来呢？

野鸭

白鹭

老鹰

翠鸟

大雁

燕子

观察与发现

观察鸟的身体结构，思考哪些结构利于飞行？

翅膀背面

翅膀腹面

肺

颈气囊

锁间气囊

腹气囊

前胸气囊

后胸气囊

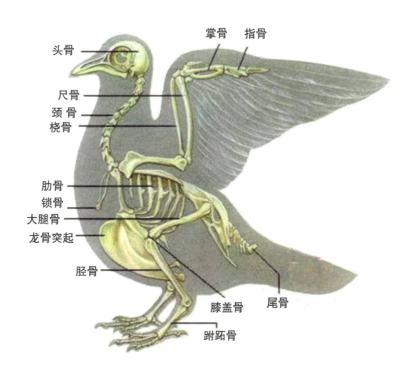

掌骨　指骨

头骨

尺骨

颈骨

桡骨

肋骨

锁骨

大腿骨

龙骨突起

胫骨

膝盖骨

尾骨

跗跖骨

 探究与实践

做一只仿生鸟

材料准备：

仿生鸟组装套件。

实验步骤：

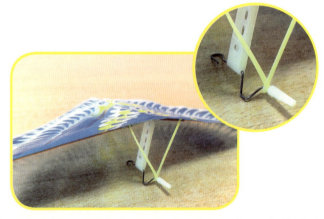

1. 把内侧的杆子安装在右边的钩子上，把外侧的杆子安装在左边的钩子上。

2. 把木条一头安装在前端塑料孔里，另一端安装在小挂钩的孔里。

3. 在小挂钩孔里安装尾翼。

4. 把皮筋先在手上绕两圈，再套进两个挂钩上。

5. 组装好之后，摇动前端摇杆将橡皮筋缠绕 20 次左右，向前抛出即可飞出去。

⏳ **研讨与反思**

1. 仿生鸟的各部分分别模拟的是鸟的哪一部分，起到了什么作用？
2. 怎样才可以让仿生鸟飞得更久呢？

科学探索有发现，你能得几颗星星？

了解鸟类为什么能飞	★★★★★
会制作仿生鸟	★★★★☆
能解释仿生鸟的飞行机制	★★★★☆

⚛ **拓展与延伸**

鸟类的飞行方式

鼓翼飞行

麻雀、喜鹊等大多数鸟类是通过双翼快速、有力地上下扇动来飞行的。

滑翔飞行

信天翁、鹰等鸟类从高处向前下方滑行，主要依靠翅膀的形状和体重的配合，在空气中利用已有的飞行速度和翅膀产生的浮力来维持飞行，无需频繁扇动翅膀，能以较小的能量消耗，实现远距离滑翔。

悬停飞行

蜂鸟是悬停飞行的典型代表，它们通过高频率且精确的翅膀扇动，产生足够的升力来抵消自身重力，从而在空中保持静止状态，同时还需精准控制身体姿态和翅膀运动，以维持平衡。

空气的热胀冷缩

同学们，你们是否知道大多数固体和液体都具有热胀冷缩的性质？那空气遇冷和受热后又会有怎样的变化呢？

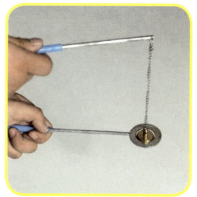

观察与发现

有一天早上，老师吃早餐的时候，顺手将一枚剥了壳的鸡蛋放在了空酸奶瓶口。过了一会儿，发现取不出来了，聪明的你们能帮老师想想办法取出完整的鸡蛋吗？

🌐 探究与实践

会 "变身" 的气球

材料准备：细口玻璃瓶、烧杯、橡皮筋、气球、冷水、热水。

实验步骤：

1.将气球套在玻璃瓶瓶口，如果圈口不合适，可以用橡皮筋绑紧。

2.向烧杯中倒入适量热水，水量以放入玻璃瓶后热水不溢出为准。

3.向烧杯中倒入适量冷水，水量同步骤2。

将玻璃瓶放入热水和冷水中后，现象一样吗？想想这是为什么呢？你能得出空气的什么性质吗？

检查装置的气密性

在一些制取气体的实验中，往往要先进行装置的气密性检查。

材料准备：试管、橡胶塞、120°导管、乳胶管、烧杯、水。

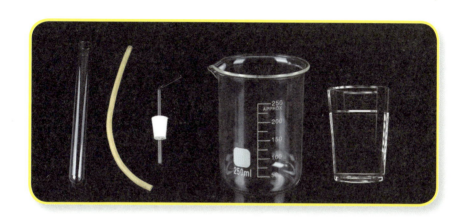

实验步骤：

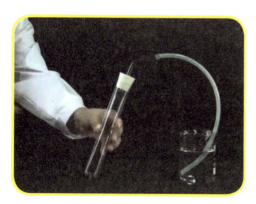

1. 将导管两端润湿，按上图组装好仪器。

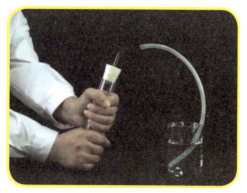

2. 用双手紧握住试管外壁，观察乳胶管口。

研讨与反思

1. 为什么空气会热胀冷缩呢？你能用画空气微粒的方式表示出来吗？请画在下面的圈里。

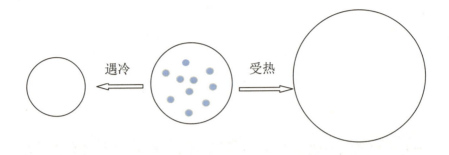

遇冷 ← ● ● ● ● ● → 受热

2. 你能试着解释热气球上升的原因吗?

科学探索有发现,你能得几颗星星?

知道热空气会上升,冷空气会下降	☆☆☆☆☆
能用实验探究空气具有热胀冷缩的性质	☆☆☆☆☆
体会到科学能丰富我们的生活	☆☆☆☆☆

◉拓展与延伸

1. 思考:为什么夏天自行车胎打气太足容易爆裂呢?

2. 解决问题:踩瘪的乒乓球如何恢复原样呢?

制作迷你椅子

美观的桌椅既是实用的生活用品，也可以成为我们欣赏的对象。它们是设计师们巧妙构思和精心制作的产物。

观察与发现

这些椅子有什么相同点与不同点？

探究与实践

下个周末，如果让你去参加一个家庭沙滩派对，但是缺少椅子，你能设计一些吗？

制作一把椅子模型

设计并制作一把适合参加沙滩派对的椅子模型，要求椅面高度在3厘米以上，宽度大于4厘米，承重量大于50克。

材料准备：吸管若干、剪刀、直尺、模型胶、双面胶、50 克钩码。

讨论：制作一把休闲椅子需要考虑哪些因素？

1. 椅子怎样设计才能让人坐着比较舒服？

2. 怎样增加椅子的稳定性和承重能力？

3. 怎样的设计让椅子更加美观？

4.……

设计方案：用图文结合的方式将你们组的设计方案记录在下表，可以参照一些学生作品。

沙滩躺椅

秋千椅

野餐椅

小组：   日期：

设计方案：

研讨与反思

1.向同学们介绍你的椅子。你可以参照下面的内容。

◆ 我们的设计思路是什么？

◆ 我们的椅子的尺寸是多少？承重能力如何？

◆ 制作过程中遇到了什么困难，是怎么解决的？

◆ 哪些地方做得还不够好，可以怎样改进？

2.各小组间互评，你能从其他小组的椅子模型里得到什么启示吗？

科学探索有发现，你能得几颗星星？

了解椅子设计的要点	☆☆☆☆☆
会制作椅子模型	☆☆☆☆☆
感受创作之美	☆☆☆☆☆

拓展与延伸

1.观察生活中的椅子，了解这些椅子是由什么材料制作的，思考为什么会用不同的材料来做椅子。

2.椅子腿的角度不同，如垂直、外八，对稳定性有何影响？你可以试着做一做。

13 "羽" 你同行

在浩瀚的自然界中，有一种轻盈而神秘的存在，它们或五彩斑斓，或洁白如雪。今天，让我们一同踏上一场奇妙的旅程，穿越语文的诗意与科学的严谨，共同探索羽毛的奥秘。

观察与发现

今天，我们一起玩一个游戏，叫"羽舞竞技"。准备一根普通的羽毛和一根铅笔，将两者同时抛向空中，观察下落速度。

飞舞的羽毛

铅笔

观察羽毛管中空结构

仔细观察以上图片，说说羽毛有哪些特点？

（🌐 探究与实践）

制作羽扇

材料准备：羽毛、扇柄、流苏。

实验步骤：

1. 把羽毛反面朝上，均匀地插在扇柄上方（注意羽毛之间的空隙）。

2. 配上流苏，制作完成。

研讨与反思

1. 实验中，为什么羽毛可以制作羽扇？

2. 羽毛在生活中还有哪些用途呢？

科学探索有发现，你能得几颗星星？

了解羽毛的特性	★★★★★
了解羽毛的文化寓意	★★★★☆
会自制简易羽扇	★★★☆☆

拓展与延伸

1.通过对羽毛进行剪切、拼贴等工艺，试着创作出独具艺术风格的羽毛画。

2.试着制作一支精美的羽毛笔作为收藏或装饰。

隧道照明系统

14

地下有玄关，尽显智慧道。随着经济的高速发展，城市的隧道系统应运而生。出于交通安全、能源效率、管理效率等方面的考虑，隧道照明系统更是取得了长足的发展。

观察与发现

窑洞

地下停车场

地铁系统

防空洞

仔细观察以上图片，你有什么发现？

制作简易的"灯光隧道"

材料准备："灯光隧道"资料包、镜片、双面胶、灯带、双面胶条等。

实验步骤：

1. 把双面胶贴在图示背板位置，并把其中一块镜片一面的保护膜撕开。

2. 把镜片撕开保护膜的一面贴在图示位置（注意背板四周尽量与镜片对齐粘贴）。

3. 将镜片另一面的保护膜撕开，两个拱形厚双面胶条贴在镜片的两边（注意双面胶条要与镜片边缘对齐）。

4. 把两根直双面胶条贴在镜片上、下部分（注意两根双面胶条不同，先上、下试拼是否重合，再撕开双面胶安装，双面胶条的边要与镜片边缘对齐）。

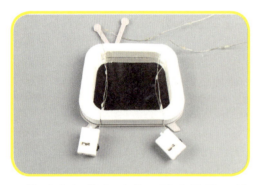

5. 将两个灯带分别卡入图示位置，并在双面胶条内圈贴上双面胶（灯带卡入时，外边预留出11毫米左右距离）。

6. 按图示将两根灯带小心翼翼地贴至双面胶条内圈。

7. 撕开双面胶条和另一个镜片的保护膜，把镜片贴上去（注意镜片四边要与双面胶条对齐）。

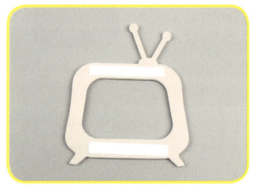

8. 将双面胶贴在背板主体的背面。

9.撕开双面胶将主体贴在镜片上（注意主体四周尽量与镜片对齐）。

10.使用短双面胶条，分别把两个灯带的灯座粘贴在图示位置。

11.打开灯带开关，观察灯光效果。

⧗ 研讨与反思

在上述实验中，为什么灯光看上去是立体的？

科学探索有发现，你能得几颗星星？

积极动手，主动参与	★★★★★
会按步骤完成简易"灯光隧道"	★★★★★

拓展与延伸

　　1.考虑使用其他高效、节能的光源，探索不同光源在灯光隧道中的表现。

　　2.尝试使用不同材质和形状的反射材料，如凹面镜、凸面镜、棱镜等，以观察不同反射面对光线的影响和产生的视觉效果。

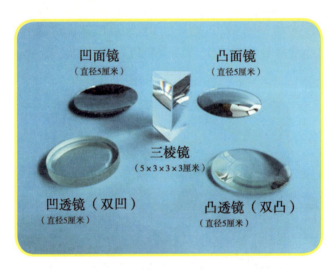

光学五件套（光学玻璃制）

15 太阳能月球车

"太阳会发光，会发热，是个大火球。"自古以来，人类对太阳充满了无尽的遐想与崇拜，这种情感体现在各种神话传说、诗词意象以及科学探索之中。

观察与发现

神话传说

夸父追日

后羿射日

诗词意象

望天门山

唐 李白

天门中断楚江开，
碧水东流至此回。
两岸青山相对出，
孤帆一片日边来。

李白《望天门山》

忆江南

江南好，
风景旧曾谙。
日出江花红胜火，
春来江水绿如蓝。
能不忆江南？

白居易《忆江南》

实际应用

太阳能农田小气候观测站

玉兔号：中国研发首辆月球车（能源为太阳能）

观察图中有关太阳能的两种应用，说说它们的构件有什么特点？

探究与实践

组装太阳能月球车

材料准备：

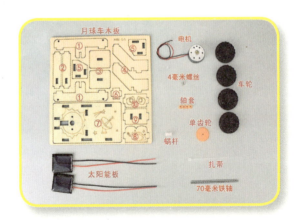

月球车木板　电机　4毫米螺丝　车轮　轴套　单齿轮　蜗杆　太阳能板　扎带　70毫米铁轴

实验步骤：

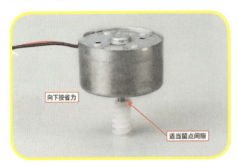

向下按省力　适当留点间隙

1. 将蜗杆安装在电机轴上，适当留点空隙，大致在铁轴的中间位置。

2. 用螺丝安装电机。

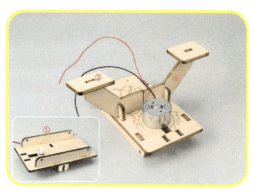

3. 将木板拼接到车体上。

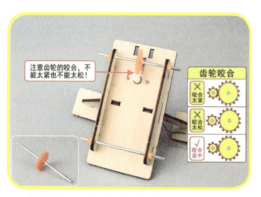

4. 在铁轴两边套上轴套。

5. 安装四个轮子。

6. 将太阳能板的导线与电机导线连接。

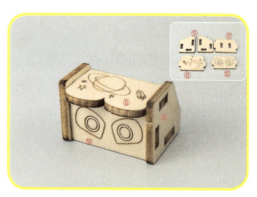

7. 进行木板拼装。

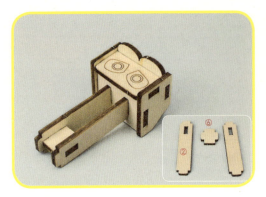

8. 继续安装木板。

9. 完成，在太阳下进行测试。

研讨与反思

1. 在制作简易"太阳能月球车"的过程中，你遇到了什么困难？是如何克服的？

2. 为什么"太阳能月球车"行驶速度比较慢？

科学探索有发现，你能得几颗星星？

了解太阳的相关知识	☆☆☆☆☆
能制作简易"太阳能月球车"	☆☆☆☆☆

拓展与延伸

1. 未来太阳能月球车有哪些创新方向？

2. 我国载人月球车入选方案灵感来自秦始皇陵铜车马。你还能搜集到类似的现代设计吗？

16 桂花的香韵流转

金桂开花满院香，课文《桂花雨》中写道：桂花盛开的时候，不说香飘十里，至少前后左右十几家邻居，没有不浸在桂花香里的。桂花成熟时，就应当"摇"。摇下来的桂花，朵朵完整、新鲜。它的香气便成为我们探索未知的一把钥匙。

观察与发现

仔细观察以上图片，你有什么发现？

探究与实践

桂花香气释放的奥秘

研究桂花在不同温度下的香气释放情况，探究温度对桂花香气的影响。

材料准备：干桂花、两个玻璃杯、水。

1.将两份相同剂量的干桂花，分别放在两个玻璃杯中，一个杯子注入常温水，另一个杯子注入约40℃的水，进行实验。

2.每隔一定时间，对准杯口，通过嗅觉判断桂花香气的浓度，并记录观察结果。

制作桂花糖水

通过制作桂花糖水，了解溶解和沉淀的基本知识。

材料准备：新鲜的桂花花瓣、白砂糖、热水、勺子等。

实验步骤：1.将新鲜的桂花花瓣洗净备用。

2.将热水加入碗中后煮沸，加入桂花花瓣。待花瓣变软后，加入适量的砂糖，并用勺子搅拌均匀。

3.继续煮沸一段时间，直至砂糖完全溶解。

4.熄火，待桂花糖水冷却后即可食用。

制作桂花香包

通过制作桂花香包，了解桂花的香气特点和应用价值。

材料准备：干燥的桂花花瓣、网纱袋。

实验步骤：1.将干燥的桂花花瓣放入网纱袋中。

2.将桂花香包放在衣柜中、书包里或悬挂起来，让身边环境充满桂花的香味。

研讨与反思

1. 温度对桂花香气浓淡有怎样的影响？

2. 在煮制桂花糖水时，哪一步至关重要？

3. 桂花的选择和处理对香包的品质有怎样的影响？

科学探索有发现，你能得几颗星星？

了解影响桂花香气挥发的因素	☆☆☆☆☆
能制作桂花糖水	☆☆☆☆☆
能制作桂花香包	☆☆☆☆☆

拓展与延伸

1. 进一步了解桂花在日常生活中的应用价值，尝试制作桂花糖、桂花蜜等食品，了解桂花在药用方面的应用。

2. 尝试用桂花与其他花卉（菊花、茉莉花、玫瑰、薰衣草等）混合，创造出丰富多样的感官体验。

做艘风力船

同学们，你们还记得《草船借箭》的故事吗？诸葛亮凭借天象，成功借得东风，帮助刘备在赤壁之战中取得胜利。从最早的帆船，到如今现代科技加持下形形色色的船，风和船始终是人类探索海洋、探索世界的得力助手。

观察与发现

风力船是一种利用风力来驱动的船只，同学们，你们观察过风力船吗？了解风是怎样使船航行的吗？

探究与实践

制作一艘简易风力船

材料准备：塑料瓶（三到四只）、一次性筷子、卡纸、绳子、剪刀、热熔枪、水盆。

实验步骤：

1.用热熔枪将三只塑料瓶并排粘在一起，做出船身。

2.用四根一次性筷子分别横放固定在船身上，用热熔胶粘紧，起到固定船身和船帆的作用。

3.在最左边的塑料瓶中间朝上的位置打一个小洞，大小正好容一根一次性筷子插入，作为船的桅杆。

4.用彩色卡纸做成梯形船帆，下部略宽，上部略窄。

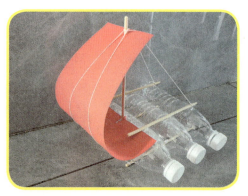

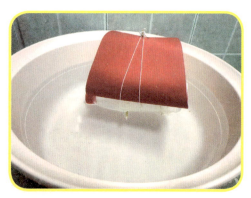

5.用细绳将船帆固定在桅杆上。

6.将制作好的风力船放在水盆中，打开风扇或用扇子扇，使风对准风力船的帆，风力船就动起来了。

研讨与反思

改变风的大小，观察船航行的方向和速度变化，并填好活动记录表。

风力船实验记录表

实验者：　　　　　　　日期：　　　　　　　地点：

风力大小	航行方向	速度变化

小组内讨论实验结果，分享各自在调整风力大小时观察到的现象，你能用学到的知识解释背后的科学原理吗？

1. 风力越大，风的航行速度越_____（快/慢）。

2. 船的航行方向和风力大小_____（有/无）关。

科学探索有发现，你能得几颗星星？

了解风力船的主要结构	☆☆☆☆☆
了解风为什么能使船航行	☆☆☆☆☆
会制作简易风力船	☆☆☆☆☆

◉ 拓展与延伸

风能在现实生活中有很多应用。

风力发电

风力发电的原理主要是利用风力带动风车叶片旋转，再通过增速机将旋转的速度提升，来促使发电机发电。

风力泵水

风力泵水是一种利用风能作为动力源的水泵技术，其原理是利用风力将空气动力转换为机械动力驱动水泵工作。这种技术被广泛应用于农村地区的水供应、排灌、农田灌溉等领域，具有节能、环保、经济实惠等优点。

18 模拟火箭发射

同学们，在《千年梦圆在今朝》这篇课文中，讲述了中华民族千百年来勇于探索、敢于创新，最终实现飞离地球、遨游太空的飞天梦。实现这一梦想的关键之一就是火箭。

🖊 观察与发现

观看火箭发射现场的视频，发现火箭发射是非常壮观的场面。你们知道是什么力量让火箭升空的吗？

🎓 科学百宝箱

1. 火箭的构造：通常由燃料箱、燃烧室、发动机和喷口、整流罩等部分组成。

2. 火箭发射的过程：包括准备、点火、升空、分离和入轨等阶段。

3. 火箭发射的基本原理：火箭利用喷射燃料产生的反作用力，推动自身向前飞行。

🌐 探究与实践

制作一枚纸火箭

材料准备：吸管、剪刀、彩纸及卡纸若干。

实验步骤：

1. 用一张彩纸将吸管卷起来做成火箭主体。

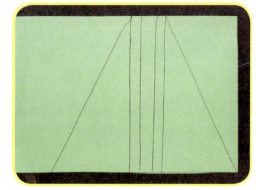

2. 将一张卡纸剪出两个三角形，将三角形边缘留出0.5厘米宽，折叠后方便粘在火箭主体两边。

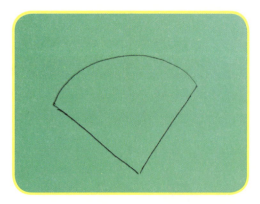

3. 最后用卡纸剪出一个小小的扇形，卷成圆锥体，作为火箭头粘在火箭顶端，火箭就做好了。

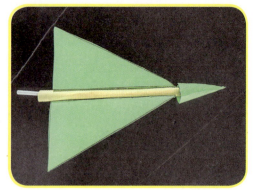

4. 捏住吸管吹气，为火箭模型提供动力，模拟火箭发射的过程。

⧖研讨与反思

1. 小组内分享火箭发射的体会和发现，讨论火箭飞行过程中可能遇到的问题及解决方法。

2. 哪些因素会影响火箭发射的高度？

科学探索有发现，你能得几颗星星？

了解火箭能够升空的原因	☆☆☆☆☆
了解火箭发射的高度（或距离）和反作用力的大小有关	☆☆☆☆☆

⚛拓展与延伸

中国空间站

中国空间站也被称为"天宫空间站"。

中国空间站是一个国家级太空实验室，它由多个舱段组成，总质量可达 60 吨至 180 吨，长期驻留人数为 3 人，最大可扩展为 180 吨级六舱组合体。它于 2021 年 4 月 29 日由长征五号 B 遥二运载火箭发射升空，是中国空间站首个发射入轨的舱段，主要用于控制和管理整个空间站。

中国空间站的建设是中国载人航天工程"三步走"发展战略的重要目标之一。自 2022 年以来，中国空间站已经完成了多次发射和对接任务，包括神舟飞船和天舟货运飞船，形成了三舱组合体，并计划在未来继续扩展和完善。

反作用力的相关应用

机械工程

在机械工程中，反作用力是设计机器人、汽车和飞机等设备时必须考虑的因素。例如，当活塞在发动机中施加压力推动气体移动时，它会受到来自汽缸壁和其他部件的反作用力。这些力的方向和大小都是相等的，但方向相反，这对于设备的稳定性和效率至关重要。

体育运动

在体育运动中，反作用力的应用也非常广泛。例如，击球运动需要将力量传递给球，然后利用反作用力将球弹回。滑雪、滑板和滑冰等运动同样依赖于反作用力来控制身体的稳定和移动。

工业生产

在生产线上，机器人通过施加力来提起或移动物品，同时物品也会对机器人施加相等的反向力。了解反作用力的基础原理可以提高工业制造的效率和精度。

19 深海游侠——潜艇

潜艇体型庞大，它不仅能在海面航行，还能沉入海底。在军事上，潜艇是公认的军事利器，它可以潜入水中隐藏自己从而高效开展军事活动。

观察与发现

任何物体在液体中都会受到浮力的作用，你们知道为什么潜艇可以沉到水下又可以浮上水面吗？

探究与实践

制作简易潜艇

材料准备：矿泉水瓶、小玻璃瓶、水。

实验步骤:

1.在塑料水瓶中倒满水,在小玻璃瓶中倒三分之二的水。

2.将小玻璃瓶快速倒置放入塑料水瓶中。

3.拧紧瓶盖,观察到小玻璃瓶漂浮在瓶口位置。

4.用力挤压瓶身,不要松手,观察到小玻璃瓶沉入瓶底。

研讨与反思

1. 简易潜艇的实验中，你观察到了什么？
2. 你知道其中的科学原理吗？

科学探索有发现，你能得几颗星星？

了解潜艇下沉和上浮的原理	☆☆☆☆☆
能制作简易潜艇	☆☆☆☆☆
了解什么是浮力并知道其应用	☆☆☆☆☆

拓展与延伸

"蛟龙"号载人潜水器

"蛟龙"号这个名字听起来就像是一条能够深入海底探索的神奇"蛟龙"。让我们一起来了解下这个深海探险家吧！

"蛟龙"号是由中国自行设计、自主集成研制的首艘深海载人潜水

器。它就像是我们的深海勇士，能够潜入到几千米深的海底，去探索那些我们平时看不到的神秘世界。2012 年 6 月 27 日，在西太平洋的马里亚纳海沟"蛟龙"号创造了下潜 7062 米的世界深潜纪录。

"蛟龙"号的成功研制和应用，对于我国来说具有非常重要的意义。它不仅提升了我国在深海技术领域的实力和国际地位，还为我们探索深海资源、保护海洋环境、研究地球科学等方面提供了重要的支持。同时，"蛟龙"号的成功也激励了更多的年轻人投身海洋事业和科技事业，为我国的未来发展贡献力量。

空气压缩的威力

在数学课上，我们学习了关于体积的计算，知道了同一个空间内物质的增多会导致压力的增加，而压力的变化又能转化为能量。空气压缩机、空气炮就是常见的将空气压力转化为惊人推力的物品。

🖊观察与发现

了解手压式喷雾器

在我们的生活中，经常能见到这种手压式喷雾器的身影，只要多次推拉手压泵，再轻轻按压把手，水壶里的水就会大量喷出，有时即使是很少的水，也能喷出强有力的水柱，这是什么原理呢？

手压式喷雾器

🎓科学百宝箱

手压式喷雾器的工作原理主要依赖于空气压缩，空气压缩是指通过外力使空气体积缩小、压力增大的过程。当手压泵上下运动时，压缩了缸筒内的空气，增加了空气压力，当泵的开关打开，被压缩的空气迅速释放，形成一股强大的气流，这股气流就像炮弹一样具有冲击力，推动筒内液体洒出。压缩空气是一种重要的动力源，广泛应用于各个领域，比如空气压缩机。

空气压缩机

制作简易空气压缩瓶

压缩空气其实很简单，一个塑料瓶和一只气球就能做到。现在，让我们一起制作一个简易的空气压缩瓶，试试它的威力吧！

材料准备：透明胶、气球、蜡烛、打火机、剪刀、塑料瓶。

实验步骤：

1. 将塑料瓶剪去尾部（修剪时注意不要划伤手）。

2. 将气球剪去尾部（只剪一点点），然后在气球嘴上打一个结。

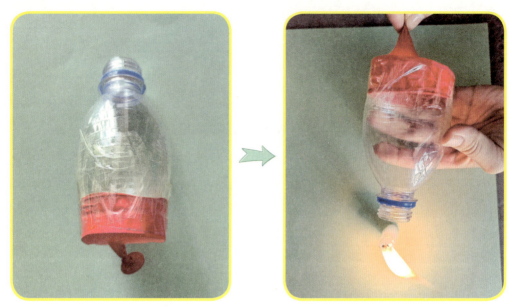

3.固定气球：将气球套在剪好的塑料瓶尾部，尽量让气球紧贴瓶口，防止漏气。可以用胶带在气球与瓶口连接处缠绕几圈，以增强密封性。

测试： 摆放蜡烛作为射击目标，在适当的距离拉动气球打结处，使瓶内空气进一步压缩，同时观察气球的变化。当达到你想要的压缩程度时，迅速松开手，观察瓶内空气如何通过瓶口喷出，并感受其推力。

喷射大比拼： 和同学比赛，谁制作的空气压缩瓶能在更远的距离"吹"灭蜡烛。

🕐 研讨与反思

小组讨论：在制作和测试过程中，你发现了哪些影响空气压缩瓶威力的因素？如何通过调整这些因素来增强它的威力？

科学探索有发现，你能得几颗星星？

了解手压式喷雾器的工作原理主要依赖于空气压缩原理	
了解简易空气压缩瓶能"吹"灭蜡烛的原理	☆☆☆☆☆

拓展与延伸

查找资料，空气压缩原理还能运用在生活中的哪些领域？

投石机的奥秘

在历史的长河中，战争不仅是硝烟与战火的交织，更是智慧与策略的较量。还记得语文课上讲过的《孙子兵法》《三国演义》吗？书中处处充满智勇交锋。今天我们借助投石机，探索物理原理在军事应用中的奥秘，感受古人的智慧！

观察与发现

同学们，图片上的"大家伙"就是古代战争中令人闻风丧胆的投石机。用力将架子一拉，这块巨大的石头就会瞬间飞出，此外，如果将石头改为引燃的物体，还能对敌方进行火攻，可谓是攻城利器！仔细观察投石机，你们知道它的原理是什么吗？这里面藏着什么奥秘呢？生活中，你们有没有见过类似的工具或玩具，它们是如何工作的呢？

科学百宝箱

投石机的工作原理主要是杠杆原理。投石机的一端装有重物，另一端装有待发射的石弹。在发射前，通过人力或其他方式将放置石弹的一端拉下，此时附有重物的另一端上升，存储了势能。当放开或砍断绳索时，重物的一端落下，释放的势能转化为动能，推动石弹顺势抛出。这种设计使得投石机能够将石弹投射到较远的距离，是古代攻城战中的重要武器。

探究与实践

制作一架简易投石机

材料准备：橡皮圈、塑料瓶盖、小石子、一次性筷子若干、剪刀。

实验步骤：

1. 准备底座：将4根一次性筷子摆成一个正方形，分别在4个角处绑上橡皮筋使其固定。

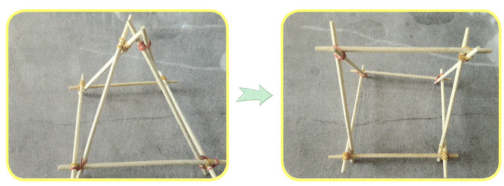

2. 制作支架：在底座左右两侧分别用橡皮筋固定好两支交叉摆放的筷子，在两处交叉的位置横着摆放一根筷子，并用橡皮筋固定，做成投石机的支架。

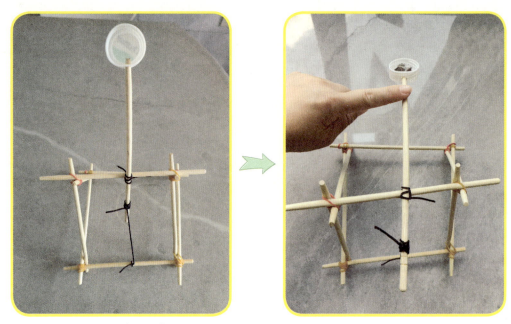

3. 制作投石篮：在塑料瓶盖侧面打一个小洞，将筷子通过小洞插入瓶盖，再将筷子架在投石机的支架上，用橡皮筋绑住（不要绑太紧），筷子的另一端绑上橡皮筋固定在支架底端，投石机就完成了（注意，筷子靠近支架的一端短一些，另一端长一些）。

投石机大比拼

设置一个目标（可将若干本书竖起来摆放作为假设的城池）调整投石机的投石篮，使其对准目标再进行发射，看看谁的投石机瞄得准、威力大！

研讨与反思

通过比赛，你观察到哪些因素会影响投石机的准头和威力？把你的观察结果填在表里吧！

投石机实验记录表

实验者：	日期：	地点：

（可从杠杆两端的长度、小石子的大小、手压杠杆的位置等方面对投石机威力的影响做记录）

小组内讨论实验结果，根据记录表分享各自在比赛时的发现和收获，你能用学到的知识解释背后的科学原理吗？

科学探索有发现，你能得几颗星星？

了解投石机工作的基本原理	★★★★★
找到影响投石机威力的因素	★★★★★
会制作简易投石机	★★★★★

拓展与延伸

投石机在现实生活中有哪些应用呢？

果园灾害防治

在果园中，为了防止鸟类、松鼠等小动物损害果实，可以利用投石机原理设计一种装置，通过发射小石子来吓跑这些小动物，从而保护果园的产量。

播种机械

在农业生产中，播种机械可以利用投石机原理，将种子快速发送到土地上。这种方式可以提高播种效率，减少人工劳动力，并有助于种子在土地上的均匀分布。

渔业捕捞

在渔业中，为了将渔网远距离投放到海洋中，渔民可以利用投石机原理设计一种投射装置。将渔网连接到投射器上，可以更容易地将渔网投放到目标位置，从而增加渔获量。

22 弓箭的巧思

中国是世界上最早发明和使用弓箭的国家之一，据目前的考古发现，人类历史上最早的弓箭在约 3 万年前的中国被制造出来。诸葛亮"草船借箭"的故事至今还为人们津津乐道。今天，我们就一起来探究弓箭里的奥秘。

观察与发现

同学们，弓箭是一种古老的兵器，箭术也是一项具有悠久历史的运动，我们形容神箭手"百步穿杨"，一百步开外都能射中杨柳的叶子，那同学们有没有想过，为什么这些箭能够飞这么远呢？它们的能量来自哪儿呢？

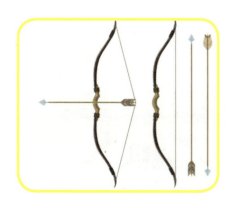

科学百宝箱

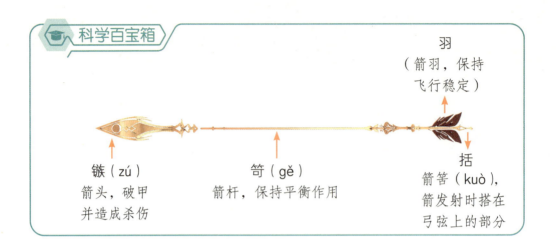

羽
（箭羽，保持
飞行稳定）

镞（zú）
箭头，破甲
并造成杀伤

笴（gě）
箭杆，保持平衡作用

括
箭筈（kuò），
箭发射时搭在
弓弦上的部分

探究与实践

制作简易弓箭

同学们对弓箭是不是充满了好奇？想不想动手自制一把弓箭呢？现在，我们就来一起制作一把简易弓箭吧！

材料准备：A4彩色折纸若干、皮筋2根、手工白胶。

实验步骤：

1.将A4纸从短边卷起，一共卷4根。

2.将二分之一A4纸也从短边卷起，卷4根。

3.同等长度的纸卷，每两根用白胶固定。

4.将短纸卷分别压在长纸卷上，长纸卷中间空出1厘米左右。

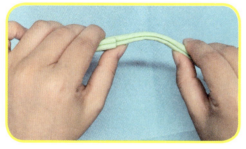

5.将组合好的长纸卷慢慢压弯成形。

6.两头分别缠上两根1厘米宽的纸条，用来固定橡皮筋。

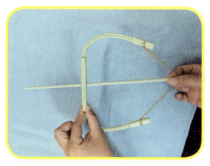

7.小弓箭就做好了。

> **温馨提示**
>
> 为了防止弓箭射出后伤人，我们可以用彩泥包裹箭头或给箭头安装塑料吸盘。

研讨与反思

1. 将弓拉得越弯，手所感受到的力就越大；将弹簧拉得越长，手所感受到的力也越大。据此，你猜想到弹力的大小可能与_____有关。

> 为了让弓箭的威力发挥到最大，是不是将弦拉得越开越好呢？

2. 用不大的力就可以把一个竹弓拉开，但要用很大的力才能把一个铁弓拉开。据此，你猜想弹力的大小可能与_____有关。

科学探索有发现，你能得几颗星星？

了解弓箭的基本构成	★★★★★
了解弓箭的发射是利用了弓弦的弹力	★★★★★
了解弓箭射程与弓箭的材质和拉力密切相关	★★★★★

拓展与延伸

同学们，请你回忆一下，我们生活中有哪些地方会用到弹力呢？如果让你使用弹力进行手工制作，你会做什么呢？

自制水母灯

水母是一种古老的水生动物，是水生环境中重要的浮游生物，不仅颜色多变，而且还会在水中发光，那大家想不想尝试做一个水母灯呢？现在就让我们一起去探索吧。

观察与发现

观察一下水母的外形特点，说说你的发现。

探究与实践

材料准备：玻璃杯、小苏打、食用油、食用色素、白醋。

实验步骤：

1. 在玻璃杯中加入小苏打。

2. 加入食用油。

3. 在另一个玻璃杯中加入白醋和食用色素调色，混合均匀。

4.玻璃杯中粉色泡泡翻滚，好像一个个水母在游行。

5.在底部放置一个手电筒，可以使彩色液滴更加绚烂。

研讨与反思

1.讨论水母灯的制作过程和遇到的问题，并分享自己的解决方案。

2.分享自己制作的感受和体验。

泡泡是怎样产生并翻滚的？_____

_____。

科学探索有发现，你能得几颗星星？

了解实验中产生泡泡原理	☆☆☆☆☆
能够动手制作水母灯	☆☆☆☆☆

拓展与延伸

1.总结制作水母灯的关键步骤和注意事项并分享。

2.尝试用植物色素（如火龙果汁、甜菜汁、绿色青菜汁）来替代食用色素，再做一些类似的实验。

奇妙的金字塔

同学们，你们知道金字塔吗？金字塔是古埃及文明的重要象征，它们是法老（古埃及国王）的陵墓。金字塔的形状像一座座巨大的三角形山丘，底部宽广，顶部尖锐。这些建筑不仅展示了古埃及人高超的建筑技艺，还蕴藏着很多科学原理呢！

观察与发现

请同学们观察金字塔的图片，讨论一下金字塔是用什么材料建造而成的？金字塔的结构有什么特点？

探究与实践

模拟搭建金字塔

材料准备：剪刀、双面胶、尺子、A4 纸 10 张。

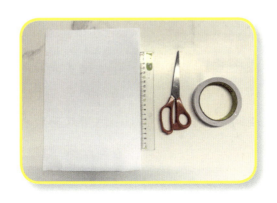

实验步骤：

  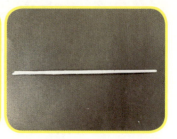

1. 拿一张 A4 纸，在 A4 纸的一边贴双面胶，从另一边卷起，尽量卷得紧密，做成一根纸棍，共做 10 根纸棍。

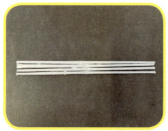  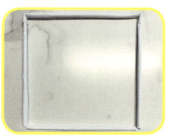

2. 模拟金字塔的三角形结构，先做底座，拿 4 根纸棍用剪刀裁剪成相同的长度，一端折 2 厘米的接口，用双面胶前后衔接，做成一个四边形。

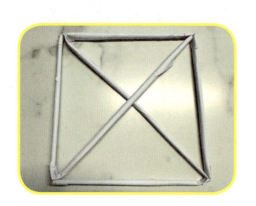 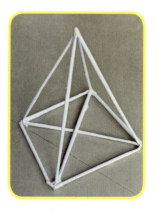

3. 在做好的四边形底座上加两根纸棍增加三角形结构，用直尺量好对角线长度，纸棍两端各预留 2 厘米的接口。

4. 底座完成后再准备 4 根相同长度的纸棍，两边各留 2 厘米的接口，一端用双面胶相互衔接在一起，作为金字塔顶部。另一端用双面胶衔接在四边形底座四个角上。

研讨与反思

1. 通过实验，你发现金字塔的结构有什么特点？

2. 生活中还有哪些物品的结构和金字塔相似？

金字塔的结构是_____形状。

生活中还有和金字塔形状相似的物品，如_____。

金字塔结构的优点是_____。

科学探索有发现，你能得几颗星星？

了解金字塔的结构特点	☆ ☆ ☆ ☆ ☆
能够动手完成实验	☆ ☆ ☆ ☆ ☆

拓展与延伸

金字塔的建造之谜

金字塔是由上万块巨石构成的，每块巨石重达 3 吨。古埃及人是如何在没有现代机械的情况下，将如此巨大的石块搬运到现场并堆砌成金字塔的？这是一个至今仍未完全解开的谜团。学者们提出了多种假设，包括使用斜坡、滑轮和绳索等工具来协助搬运和堆砌石块等。

金字塔的建造过程中，古埃及人还展示了高超的数学和几何知识。他们通过精确的计算和测量，确保了金字塔的每一个部分都能够比较完美地结合在一起。

金字塔的建造是一个长期而艰巨的工程。据估计，建造胡夫金字塔可能需要动用数十万工人，花费数十年的时间才能完成。工人们需要先在采石场开采石料，然后将它们运输到建造地点，再进行堆砌和雕刻。

三角形的稳定性

中国古建筑优秀的抗震构造，是我国古代工匠卓越建筑智慧的体现。其中斗拱为我国古建筑特有的组成部分，位于柱顶之上、屋檐之下，外形犹如一个个倒立的三角形。为什么斗拱要设计成三角形呢？

观察与发现

三角形在生产生活中的应用随处可见，比如屋顶、自行车的车架、相机三脚架、起重机、三角形吊臂等，为什么有那么多物体的结构是三角形呢？它有着怎样的特性呢？

探究与实践

吸管"大力士"

材料准备：吸管、空塑料瓶、水（可补充颜料）。

实验步骤：

1.在塑料瓶中加入适量水，将吸管前端对折放入瓶口，尝试向上提起。

2.慢慢往空瓶里注水，体验用吸管可以提起多少体积的水。

硬币练"轻功"

材料准备：人民币教具（硬币、纸币）。

实验步骤：

将纸币对折，把硬币放在纸币上，
缓缓将纸币分开，观察硬币情况。

研讨与反思

1. 下图中哪些图案稳定呢？请在具有稳定性的图案下打"√"。

（　　）　　　（　　）　　　（　　）

2. 要使五边形木架（用5根木条钉成）不变形，至少要钉上____根木条。

科学探索有发现，你能得几颗星星？

了解三角形具有稳定性	★★★★★
能够判断复杂图形的稳定性	★★★★★
生活中能够利用三角形特性改造不稳定的物品	★★★★★

拓展与延伸

1.通过查找资料，你能找到哪些世界上著名的三角形建筑呢?

2.数一数，下图有多少个三角形?

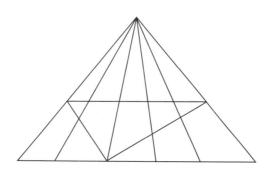

26 笛子里的秘密

"牧童归去横牛背，短笛无腔信口吹。"放牛回家的孩子横坐在牛背上，拿着短笛随意吹奏，构成了一幅饶有生活情趣的乡村晚景图。笛子是迄今为止发现的最古老的汉族乐器之一，也是汉族乐器中最具代表性、最有民族特色的吹奏乐器之一。

观察与发现

中国的笛子已有了很成熟的造型，通常采用竹制管身，有一个吹孔，一个膜孔，六个按音指孔，以及两个前出音孔，两个后出音孔。同学们，你们知道笛子为什么能发声，还能发出不同的声音吗？

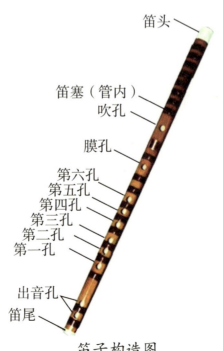

笛头
笛塞（管内）
吹孔
膜孔
第六孔
第五孔
第四孔
第三孔
第二孔
第一孔
出音孔
笛尾

笛子构造图

科学百宝箱

用两根手指放在喉咙处，轻轻发出"啊……"的声音，体会手指的感觉。从这个简单的实验可以看出声音是由物体的振动产生的。固体振动产生声音，液体、气体也能产生声音。

液体振动发声

小溪哗哗的流水声，瀑布巨大的倾泻声等，都是水振动产生的声音。

气体振动发声

吹长笛、唢呐等管乐时，是长笛、唢呐中空气柱振动产生的声音。人们常常用"大风呼啸"来描述风的大小，这也是空气振动产生的声音。

探究与实践

会发声的吸管

材料准备：长棉签、硬塑料吸管。

实验步骤：

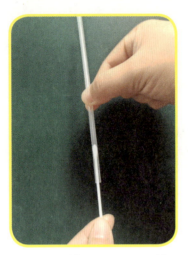 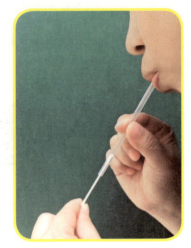

1.将长棉签塞入塑料吸管中。

2.嘴对着吸管一头吹气，同时缓缓拉动棉签，听一听所发出的声音有什么不同？

你能吹出几种不同的声音呢？

研讨与反思

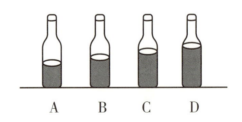

A   B   C   D

在4个相同水瓶中装入不同体积的水，水面的高度不同。

1.若用相同的力敲击它们，就可以发出不同音调的声音，发出声音的声源是_____（空气柱／水瓶和水）。

2.若用嘴依次吹瓶口，也可以发出不同音调的声音，此时发出声音的声源是_____（空气柱／水瓶和水）。

科学探索有发现，你能得几颗星星？

了解笛子发声是利用了空气柱原理	☆☆☆☆☆
知道空气柱越短，发出声音的音调就越高	☆☆☆☆☆
知道用力吹笛子时，空气柱振幅大，响度也大	☆☆☆☆☆

⚛拓展与延伸

排箫是一种古老而神奇的乐器。它由许多长短不一的竹管或其他材料的管子排列在一起组成。当吹奏者轻轻吹气时，气流在不同长度的管子里振动，就会发出高低不同的美妙声音。排箫的音色空灵、清脆，就像山间的溪流在叮叮咚咚流淌，又似清晨森林里鸟儿的欢唱。它能演奏出悠扬的旋律，无论是欢快的曲子还是舒缓的乐章，排箫都能完美呈现。在很多古老的文化中，排箫都有着特殊的地位，它常常在重要的仪式或庆典上演奏，给人们带来愉悦和美的享受。

同学们，你可以利用长短不一的吸管自制排箫吗？一起来试一试吧！

碘伏变色

27

亲爱的同学们，有一种物品它拥有着神奇的魔术，可以让白纸变得有颜色，当然，也能在某种情况下变成透明的，接下来就让我们一起探索其中的奥秘吧。

观察与发现

相信大家已经猜到了，这个物品就是碘伏。
接下来就让我们一起来观察碘伏。

认真观察碘伏的颜色，并记录。

碘伏是一种常用的消毒剂，具有杀菌作用。

探究与实践

碘伏变色

材料准备：碘伏、清水、维生素 C 片（或柠檬汁）、透明玻璃杯、滴管和搅拌棒。

温馨提示

确保实验环境安全，避免碘伏溅到皮肤上或眼睛里，正确使用实验器材。

实验步骤:

1. 在一个透明玻璃杯中倒入少量碘伏，使用滴管向杯中缓慢加入清水，观察颜色变化。

2. 将维生素C片研碎成粉末（或使用柠檬汁）倒入杯中。

3. 用搅拌棒缓慢搅动碘伏水，观察颜色变化。

研讨与反思

将碘伏加入下列物质后的颜色变化填入下表。

观察结果 加入材料	初始颜色	颜色变化	（自行补充）
清水			
维 C			
柠檬汁			
淀粉水			

小组讨论实验过程中遇到的问题和解决方法，并分享。

科学探索有发现，你能得几颗星星？

了解碘伏变色原理	☆☆☆☆☆
能够动手完成实验	☆☆☆☆☆

拓展与延伸

1. 当碘伏遇到酒精和部分金属（如铁和铜）会发生什么变化呢？

2. 思考：你们还知道哪些物质可以使碘伏水变色吗？一起去试试吧。

酸雨的危害

地球是我们赖以生存的家园，在这个美丽的星球上，身边的一草一木、云卷云舒、山川湖海、四季更迭，总会让人心生热爱。可就是这样美丽的星球，正受到工业化的伤害。

观察与发现

酸雨是工业高度发展而出现的副产物，由于人类大量使用煤、石油、天然气等化石燃料，燃烧后产生的硫氧化物或氮氧化物，在大气中经过复杂的化学反应，形成硫酸或硝酸气溶胶，或为云、雨、雪、雾捕捉吸收，降到地面形成酸雨。你知道酸雨对我们人类生活有哪些危害吗？

探究与实践

模拟酸雨对建筑的腐蚀

材料准备：清水、一次性塑料杯、白醋、碳酸钠。

实验步骤：

1. 在两个塑料杯中分别添加等量的清水和白醋。

2. 再分别加入等量的碳酸钠，观察变化。

研讨与反思

1. 说一说上述实验为什么能够模拟酸雨对建筑的腐蚀？

2. 为了减少酸雨带来的危害，生活中我们可以做些什么呢？

科学探索有发现，你能得几颗星星？

了解酸雨的成因	★★★★☆
了解酸雨对人类健康、土壤、水体、植被等造成的危害	★★★★☆

拓展与延伸

酸雨对古迹的损坏

由于酸雨淋蚀，希腊帕特农神庙的女神像变得"污头垢面"。在过去的 40 多年里，雅典因酸雨污染造成的珍贵文物损失，超过了过去 400 年的总和。意大利罗马的古文物特拉扬石柱上雕刻着 2500 个形态各异的人像，在酸雨的淋蚀下，这些雕像变得模糊难辨。

古希腊和古罗马的许多古迹，均以大理石为建筑材料，其主要成分是碳酸钙，当酸雨降落时，其表层碳酸钙变成硫酸钙或硝酸钙，脆裂剥

落。埃及金字塔和狮身人面像，自从进入 20 世纪以来，已被酸雨侵蚀得"弱不禁风"，柬埔寨吴哥窟、意大利威尼斯城、印度泰姬陵、英国圣保罗大教堂等珍贵的历史遗迹，如今都难以抵挡酸雨的袭击。

请结合个人实际，制定一份绿色行动计划，积极投身于环保实践活动中来吧！

29 地球的 "大棉被"

　　亲爱的同学们，你们知道吗？我们的地球有一件"大棉被"，也就是温室效应，它是地球保持温暖的一个秘密武器，但是，如果这件"大棉被"太厚了，也会给我们带来一些麻烦。

观察与发现

　　温室效应是大气层使地球表面保持温暖的一种自然现象。想象一下，如果没有这件"棉被"，地球在晚上会非常冷，像冬天没有盖被子一样。大气层中的一些气体，如二氧化碳，就像"棉被"里的棉花。当我们烧煤、烧油、砍伐森林时，会释放更多的二氧化碳到空气中，这就像是给"棉被"加了太多的棉花，导致地球越来越热，这就使得全球变暖。随之会带来一系列的问题，比如冰川融化、海平面上升、极端天气频发、海洋酸化、珊瑚白化等。

　　想一想，全球变暖对地球生态有什么影响呢？

探究与实践

模拟温室效应

　　材料准备：冰块、杯子、温度计、红色色素、热水、冷水。

实验步骤：

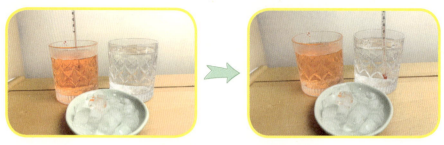

1.用温度计测量热水和冷水的水温，将两杯水的温差控制在 10℃左右。为了方便观察，在热水中加入红色色素。

2.在冷、热水中各放入等量的冰块，进行观察。

3.观察冰块在冷水中还是在热水中融化得更快？

等冰块完全融化，对比步骤1标记过的水位线，水位发生了什么变化？

研讨与反思

1.全球变暖对地球的危害有哪些？

2.人类的哪些行为加剧了温室效应？

3.低碳生活，你有什么好办法？

科学探索有发现，你能得几颗星星？

了解全球变暖对地球的危害	★★★★★
知道人类的哪些行为会加剧温室效应	★★★★★
知道我们应该怎么做才能保护地球生态	★★★★★

◉ 拓展与延伸

碳达峰与碳中和

2020年9月22日，中国政府在第七十五届联合国大会上提出："中国将提高国家自主贡献力度，采取更加有力的政策和措施，二氧化碳排放力争于2030年前达到峰值，努力争取2060年前实现碳中和。"

什么是碳达峰？碳达峰指的是在某一个时点，二氧化碳的排放不再增长达到峰值，之后逐步回落。

什么是碳中和？碳中和一般是指国家、企业、产品、活动或个人在一定时间内直接或间接产生的二氧化碳或温室气体排放总量，通过植树造林、节能减排等形式，以抵消自身产生的二氧化碳或温室气体排放量，实现正负抵消，达到相对"零排放"。

碳中和的实现对全球应对气候变化、保护环境具有重大意义。通过减少温室气体排放，可以减缓气候变化的影响，减少自然灾害的发生，并促进可持续发展。

烟雾泡泡

"烟笼寒水月笼沙"是我们耳熟能详的诗句,烟雾缭绕,青烟袅袅,是充满着朦胧的美感。同学们,那你们见过有形状的烟雾泡泡吗?接下来就让我们一起去探究吧!

观察与发现

为什么冬季雾比较多?

探究与实践

制作烟雾泡泡

自然界中的烟雾大多数是没有形状的,那我们该如何制作烟雾泡泡呢?

材料准备:塑料盒、白糖、洗洁精、清水、打火机、纸张、带瓶盖的空塑料瓶、钉子。

实验步骤：

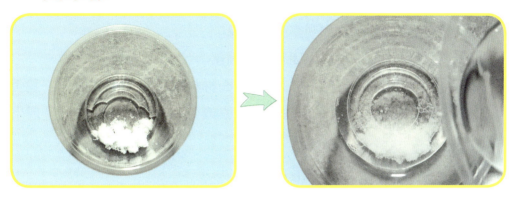

1. 先将白糖、洗洁精和清水倒入一个塑料盒里，混合均匀。

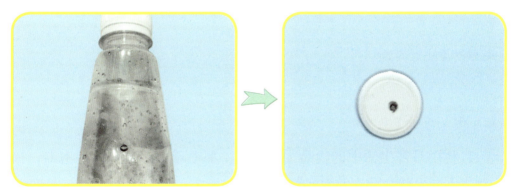

2. 用打火机加热钉子，加热后在塑料瓶的瓶身和瓶盖上分别扎一个小洞。

3. 清水打湿塑料瓶瓶身，打火机点燃纸张并吹灭火焰，然后迅速放入塑料瓶中，再拧紧瓶盖。

4. 将带孔的瓶盖沾上泡泡液，轻轻挤压瓶身后就形成了一个烟雾泡泡。

研讨与反思

1. 各组汇报实验结果和观察到的现象。

2. 讨论烟雾泡泡的形成原因及影响因素。

3. 除了我们制作的烟雾液，还有什么材料可以充当烟雾液呢？是否可以在泡泡液中加入不同颜色的食用色素或荧光剂，使烟雾泡泡呈现出多彩的视觉效果呢？

科学探索有发现，你能得几颗星星？

了解实验原理	☆☆☆☆☆
能够动手完成实验	☆☆☆☆☆

拓展与延伸

1. 利用日常生活中的物品（如吸管、羽毛球拍等）自制泡泡器，探索制作不同形状和结构的泡泡器。

2. 制作烟雾泡泡画、雕塑等，将科学与艺术相结合。

"沸水"养鱼

"沸水"养鱼，你可能会感到惊讶甚至不可思议，毕竟，沸水通常意味着高温和危险，而鱼类作为水生生物，对水温的变化极为敏感。那么，在这个看似矛盾的实验中，我们将如何见证小鱼在看似滚烫的沸水中悠然自得地游动呢？

📝 观察与发现

现在，请大家跟随我的步伐，一起观察这个充满挑战与发现的沸水养鱼实验。用瓶口比较长的玻璃瓶装满水，水里放几条小鱼，再放一块冰块。我们观察到瓶口部位的水已经被酒精灯加热至沸腾，而玻璃瓶里面的小鱼还在悠然地游着，冰块也未融化。这是为什么呢？

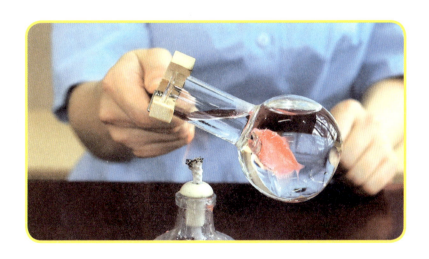

探究与实践

观察热量在水中的传递方式

材料准备： 塑料杯、红蓝色素、硬塑料片、热水、冷水。

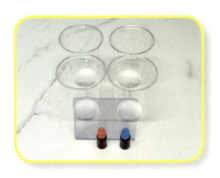

实验步骤：

1. 在两个塑料杯中加入冷水，另两个塑料杯中加入热水。在冷水杯中加入蓝色色素，在热水杯中加入红色色素。

2. 分两组实验，一组热水杯上盖上塑料片，然后把盖好塑料片的热水杯倒扣在冷水杯上；另一组将冷水杯上盖上塑料片，然后把盖好塑料片的冷水杯倒扣在热水杯上。

3. 同时抽走两组水杯中间的塑料片，观察实验现象。

研讨与反思

热量在水中的传递方式是 _____。

热量在金属中的传递方式是 _____。

热量的三种传递方式是 _____。

科学探索有发现，你能得几颗星星？

了解实验原理	☆☆☆☆☆
能够动手完成实验	☆☆☆☆☆

拓展与延伸

海水温度分层现象

在海洋中，从海平面到深邃的海底，海水温度并不是均匀一致的。受太阳辐射、海洋环流、季节变化等多种因素的影响，海水温度会随着深度的增加而逐渐降低。这种温度差异导致不同深度的海水具有不同的密度，进而形成温度分层。这种分层现象在大多数海域都是普遍存在的。

由于阳光直射和高温，海水表层温度较高，通常在 25 ℃ 至 30 ℃。随着深度的增加，温度逐渐下降，且下层水温变化较小，这就是温度分层现象。

以烟台海域为例，根据烟台市海洋预报台发布的数据，烟台不同海域的水温存在显著差异。例如，烟台东部海域的平均水温为 21.6 ℃～ 23.0 ℃，而烟台蓬长海域的平均水温则为 18.8 ℃～ 22.9 ℃。这种水温差异也反映了海水温度分层的现象。

海水因温度分层的现象在全球范围内普遍存在，但具体表现程度和位置可能因海域、季节、纬度等多种因素而异。了解海水温度分层现象有助于我们更好地理解海洋的物理和化学变化，对海洋生态系统和气候变化等问题的研究具有重要意义。

水果发电

　　水果中的果酸是一种很好的电解质，这些水果除了给我们带来丰富的营养外，还能做什么呢？你见过会发电的水果吗？现在就让我们一起去探索吧。

观察与发现

　　电力的运用对我们生活和生产至关重要。那水果是如何进行发电的呢？

探究与实践

制作水果电池

　　材料准备：苹果、铜片、锌片、导线、二极管、刀具、绝缘胶带。

实验步骤：

1.将 1 个苹果切成 4 份。

2.将铜片和锌片分别插入苹果切片的两端，注意保持一定距离。

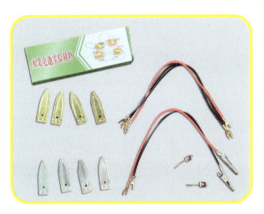

3.将红色和黑色导线分别连接到铜片和锌片上。

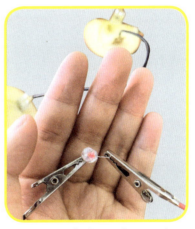

4.将二极管连接到电路中。

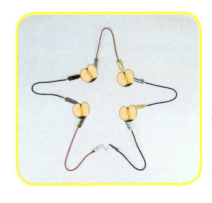

5.观察实验现象，并记录实验结果。各组汇报实验结果和观察到的现象。

科学百宝箱

　　水果电池的原理：利用水果中的果酸作为电解质，通过铜片和锌片之间的化学反应产生电流。

研讨与反思

　　1.小组讨论实验原理，并解释实验结果。

　　2.强调水果发电的三个基本条件：两电极金属活性不同、电极材料处在同一水果内、电路必须为闭合回路。

　　科学探索有发现，你能得几颗星星？

了解实验原理	☆☆☆☆☆
能够动手完成实验	☆☆☆☆☆

拓展与延伸

　　1.尝试用其他水果或不同的电极材料进行实验，并记录它们发电效果的差异。

　　2.将水果发电实验与艺术创作相结合，例如制作具有艺术美感的水果电池装置，或者利用水果电池点亮创意灯具。

　　3.水果发电是一种绿色能源技术，交流其在环保和可持续发展方面的潜力。